Alphonse Esquiros

Des études
sur l'histoire
des races

Essai

ISBN : 978-1542775427

10 9 8 7 6 5 4 3 2 1

Alphonse Esquiros

Des études sur l'histoire des races

Essai

Table de Matières

Introduction

On avait négligé jusqu'à ce jour l'étude des races humaines. C'est à peine si Linnée, Buffon, Lacépède, Blumenbach, ont accordé quelque attention aux différences extrêmes de couleur et de forme qu'ils jugeaient être particulières à chacune des parties du monde. Il semble qu'on prenne aujourd'hui à cœur de réparer cet oubli. Jamais les esprits sérieux n'ont été aussi préoccupés de la constitution physique des races, qui se lie, selon eux, au perfectionnement organique des sociétés. Malheureusement les hommes qui agitent cette question intéressante se séparent en deux camps bien distincts. Les uns, comme M. Serres, se préoccupent surtout des caractères anatomiques des groupes, ou, comme M. l'abbé Frère, rattachent le mouvement moral et intellectuel des nations au développement du système nerveux ce sont les physiologistes. A côté d'eux, et dans une direction opposée, nous rencontrons les historiens. Ces derniers étudient les antiquités de chaque race dans les productions littéraires, dans la linguistique, dans les mœurs ! Deux tendances solitaires, — dont l'une néglige trop les enseignements de la parole écrite, dont l'autre sacrifie l'étude des caractères physiques, ce langage de la nature, — ne peuvent aboutir qu'à des résultats incomplets. Il faut mêler les lumières, si l'on veut éclairer les profondeurs de cette question obscure. Entre la physiologie et l'histoire, nous proposerions volontiers une alliance féconde qui renouvellerait, à propos des races humaines, les bases mêmes de la philosophie pratique. Pour prouver combien cette alliance est nécessaire, nous n'aurons qu'à rapprocher l'un de l'autre deux ouvrages qui résument assez nettement les défauts comme les qualités des deux écoles entre lesquelles se partage aujourd'hui l'étude des questions de race. Avec M. l'abbé Frère, nous verrons quels services la physiologie pourrait sur ce point rendre à l'histoire ; avec M. Francisque Michel, nous aurons à montrer quel rôle l'histoire pourrait jouer, si on l'appliquait moins timidement que ne l'a fait cet écrivain à la solution de certains problèmes physiologiques.

Parmi ces problèmes, c'est un des plus épineux qu'avait choisi M. Michel en se proposant d'écrire l'*Histoire des races maudites*. Les races agissent sur le développement social de deux manières :

Alphonse Esquiros

par leur isolement ou par leur mélange. Il en est qui se prêtent au travail de fusion d'où résulte l'unité nationale ; il en est d'autres qui résistent obstinément à ce travail, et qui par cela même sont condamnées à un état d'infériorité voisin de la dégradation. Les unes sont les races privilégiées, les autres méritent le nom de races maudites. Pour bien comprendre la raison de ce fait, il faut étudier comment s'opère le passage de l'état barbare à l'état de civilisation. Ici déjà, on le voit, le concours de la physiologie et de l'histoire devient nécessaire.

L'état barbare résulte de la perpétuité de certains caractères physiologiques qui, à la faveur d'une vie isolée ou errante, se conservent dans un nombre plus ou moins grand de familles. L'état de civilisation tend, au contraire, à effacer, à modifier plus ou moins ces caractères. Plus une race est jeune, mieux elle conserve le signe de son individualité physique. Un tel état stationnaire tient à la prépondérance de la vie animale. Plusieurs naturalistes ont été frappés de la constance des fonctions chez les êtres privés d'intelligence. On découvre aisément les causes de ce phénomène : les penchants sont chez les animaux les principaux moteurs des actions ; or, les penchants se trouvent soumis comme les instincts à une loi invariable. La même loi se manifeste dans les premiers âges des peuples, alors que les inclinations physiques dominent : les actes de la vie morale ou civile offrent alors un caractère surprenant de fixité. On ne retrouve plus cette persistance chez les nations adultes, parce que la civilisation, ayant réagi sur les instincts et les mouvements de la nature inférieure, a dégagé dans l'homme les forces essentiellement libres de l'intelligence.

L'état barbare n'a point été jusqu'ici caractérisé. Il y a dans la nature humaine deux mouvements en sens contraire, l'un qui concentre et qui replie l'individu sur lui-même, l'autre qui le porte vers la société. L'instinct égoïste et solitaire prédomine dans le premier âge des races. On n'a pas rencontré jusqu'ici, il est vrai, l'homme sauvage à l'état complet d'isolement, mais le lien qui l'unit à ses semblables est extrêmement faible. Les hommes primitifs vivent par bandes, comme certains animaux ; s'il y a parmi eux agrégation, il n'y a pas société. L'histoire nous les montre dispersés çà et là, et, quoique habitant la même terre, livrés à une affreuse solitude morale : c'est l'état d'idiotisme du genre humain. Entre l'âge que nous venons de décrire et celui où les hommes réunis en société fondent des établissements solides, contractent des liens moraux, il existe un état intermédiaire où ces deux forces, l'une qui isole, l'autre qui associe, se font, en quelque sorte, équilibre. C'est alors que se produisent ces migrations de peuples, ces grandes invasions de barbares qui concourent autant à fonder qu'à renverser les empires. Attirées pour ainsi dire par deux forces qui se contrarient, les familles barbares, devenues des hordes errantes, oscillent ainsi quelque temps sans pouvoir se fixer. Tant que ces groupes voyageurs vivent sous la loi du mouvement, ils ne manifestent que les instincts de la nature. Il n'y a presque point de progrès intellectuel, ni de progrès moral. Les conditions qui fixent une de ces races errantes sur le sol ouvrent seules devant elle le champ des développements et des formations nouvelles qui doivent accroître son existence. Toutefois rien ne se perd : l'instinct sauvage persiste à travers l'état de société ; il y forme ce sentiment des droits individuels qui est l'élément matériel de la liberté. La tendance contraire, en se développant, enfante l'unité : c'est elle qui convertit les races, les familles et les castes en un grand être idéal et impersonnel qui est l'état, la patrie, la nation.

On comprend maintenant toutes les difficultés que présente l'étude de la formation des peuples. Les écrivains qui ont essayé, dans ces derniers temps, de dévoiler les éléments primitifs de la nation française, ont trop négligé, à notre avis, cette connaissance physiologique des races, sans laquelle le livre des origines demeure éternellement fermé. En savant modeste et laborieux a mieux apprécié l'importance des questions qui se rattachent à la formation des nationalités. Les travaux trop peu connus de M. l'abbé Frère ont ouvert dans l'étude des races une direction féconde, et de ces deux grands phénomènes, la fusion des races en un corps homogène, et leur résistance à tout croisement, le premier a été sérieusement étudié par M. Frère ; le second a trouvé dans M. Michel un historien plus préoccupé malheureusement d'érudition que de philosophie. Nous essaierons à notre tour de discuter l'un et l'autre problème.

Alphonse Esquiros

Section I

Dès qu'on remonte un peu haut dans les temps passés, les monuments deviennent muets ou pour le moins douteux. Les traces des très anciennes implantations d'hommes sont généralement effacées de la terre et de la tradition même. Pour les races formées comme pour l'individu, la première enfance est couverte de ténèbres ; à peine reste-t-il dans leur mémoire de vagues empreintes, l'image obscurcie de faits qui se détachent çà et là sur un passé confus. Quelques circonstances de ces premiers âges, presque les mêmes chez tous les peuples de la terre, se trouvent reproduites très tard dans leur histoire sous des traits plus ou moins altérés. Au milieu de ces doutes et de ces tâtonnements, on agite des textes, on a recours à la science toute conjecturale des étymologies, on entasse des hypothèses sur des hypothèses. Il faut se garder sans doute de récuser les lumières qui peuvent sortir de la comparaison bien faite des langues primitives ; mais, comme ces langues ont été plusieurs fois corrompues ou transformées, comme quelques-unes ont entièrement disparu sans que la race qui les parlait se fût éteinte, on ne saurait attendre de la philologie qu'un concours limité. A nos yeux, la physiologie humaine donne seule les moyens de résoudre ce problème si difficile et si compliqué de la genèse des races ; c'est là et non ailleurs qu'il faut chercher les racines de l'histoire. Il y a sur ce terrain de nouvelles fouilles à entreprendre.

Pour analyser, par exemple, les éléments de la nation française, il serait nécessaire de grouper les familles qui présentent entre elles des caractères de communauté de race, de rapporter à des types constants la physionomie plus ou moins fugace des habitants de nos grandes villes et de nos provinces : on verrait alors reparaître, sous une population mêlée, les couches antédiluviennes de notre histoire. — Les déluges ici, ce sont les invasions.

Il importe d'abord, si on veut arriver dans cette voie, à une détermination un peu exacte, de fixer l'ordre de succession et de superposition des races qui ont recouvert le sol des Gaules : sous toutes les autres couches on découvre la famille celtique. C'est là le fond, le roc primitif de la population française. L'ancienneté de cette première formation, les attaches et les affinités que les Celtes avaient contractées avec le sol, les firent regarder longtemps comme autochtones. On sait maintenant que l'existence de ce peuple remonte aux premières excursions en Europe de la race blanche ou caucasique. Les Celtes étaient établis depuis une longue durée de siècles, lorsque la conquête romaine passa sur eux. Du croisement des deux peuples résulta ce mélange qu'on désigne sous le nom de gallo-romain. Les choses en étaient là, lorsque le monde entier s'ébranla du nord au midi : nous voulons parler de ces grands mouvements de peuples barbares qui jouèrent un rôle dans la chute de l'empire romain. Ces peuples habitaient des pays dont les nations civilisées ignoraient même l'existence. C'est alors qu'on vit se détacher des profondeurs de la Scythie de grandes caravanes armées, qui, enjambant les montagnes et les fleuves, coururent d'une extrémité de l'Europe à l'autre. Ce glaive voyageur renversa tout sur son passage. Les races barbares sont dans la main de la Providence des éléments de destruction, comme le tonnerre et la grêle dans les mains de la nature. Le Nord vomit à plusieurs reprises les aquilons de la colère divine. En 420, les Goths ; en 430, les Bourguignons ; en 500, les Franks ; en 510, les Armoricains ; en 912, les Normands, se précipitent successivement, et versent dans la population gallo-romaine les caractères particuliers de leur race. A chacun de ces dépôts, si l'on ose ainsi dire, le niveau de la civilisation s'élève. Chaque accession de race communique à la masse primitive des énergies nouvelles et les éléments d'une nationalité qui s'accroît.

Le travail de la civilisation efface, dit-on, ces variétés originelles, mais à quel degré les efface-t-il ? Peut-on encore remettre à nu, après une durée de plusieurs siècles, les éléments primitifs qui ont constitué, par la succession des faits, la nationalité française ? En d'autres termes, les caractères des races présentent-ils une constance et une durée telles que l'on puisse les reconnaître dans une population si ancienne et si mêlée ? — Avant de résoudre cette question, il faut examiner les causes qui contribuent à altérer les types et celles qui tendent au contraire à les maintenir.

De toutes les causes qui concourent à effacer dans une nation l'angle saillant des familles naturelles, la première et la plus active est, sans contredit, le croisement ; la seconde est le développement social.

Alphonse Esquiros

Tant que les peuples demeurent dans l'état sauvage ou barbare, leur constitution physique est immuable ; mais, quand ils sortent de cet état stationnaire pour former une nation, ils passent tout entiers, avec leurs facultés et leurs organes, sous la loi du progrès. Alors commence pour eux une évolution de caractères qui tend à masquer la nature de la souche. Ces mouvements qui changent l'organisation d'une race ressemblent à ceux qui renouvellent d'âge en âge chez l'homme les conditions de la vie. De même qu'il est difficile de reconnaître sous la virilité les traits de l'enfance, on ne retrouve pas aisément la figure des races barbares sous celle des peuples civilisés. Il y a bien une puissance dans le germe ; mais cette puissance se modifie dans l'état de société sous l'action des nouvelles forces qui substituent l'ordre historique à l'ordre naturel.

Les causes qui tendent à conserver le type sont restreintes et locales. Les pays de forêts, de landes ou de montagnes, qui opposent une limite au croisement ou qui maintiennent la population dans un état stationnaire, protègent l'intégrité des races qui les habitent. La tradition qui place sur les hautes montagnes le berceau de l'humanité consacre un fait général d'ethnologie : après les grandes commotions de la société, c'est toujours des points élevés que les races préservées de la corruption sont descendues pour repeupler et transformer le monde.

Au premier coup d'œil, les causes qui altèrent le type semblent plus nombreuses et plus actives que celles qui le conservent. S'il en était ainsi, les caractères des races seraient bientôt confondus ; mais l'expérience démontre que cette action perturbatrice rencontre des limites. L'ethnologiste qui tient à isoler les divers éléments d'une population doit additionner l'ensemble des caractères primitifs de chaque race et la somme des caractères subséquents qu'elle a revêtus par suite du développement de la civilisation. Les premiers font reconnaître la race, les seconds nous disent son âge, et, par un phénomène assez bizarre, ceux-ci tendent à se préciser en raison inverse de ceux-là. En d'autres termes, les caractères primitifs d'une race, c'est-à-dire la couleur des yeux, des cheveux et du visage, ne persistent pas toujours intégralement dans les endroits où la population est trop mêlée ; les caractères qui indiquent l'âge d'une race, c'est-à-dire les formes de la tête, peuvent, au contraire, être consultés toujours avec une entière confiance. M. l'abbé Frère a révélé cette loi, et, ce qui vaut encore mieux, il a mis une telle loi à l'épreuve des faits.

Dans une des parties les plus agrestes de l'Auvergne s'élève le petit village de Neschers, où demeure un curé géologue, dont le nom n'est point étranger aux savants du Jardin des Plantes, M. Croizet. Autour de ce village s'étendent d'immenses carrières, d'où l'on retire chaque jour des ossements fossiles, débris des âges primitifs de la nature. A côté des pièces curieuses de la collection antédiluvienne formée par M. Croizet, figurait un crâne trouvé à Aigueperse dans un tombeau. M. Frère, visitant il y a quelques années le musée de M. Croizet, fut amené à exposer de vive voix sa théorie sur les périodes sociales et sur les moyens de reconnaître, à l'inspection de la tête, les caractères de l'âge historique des peuples. Le curé de Neschers accueillit cette doctrine avec un sourire de demi-incrédulité, et pour contrôler des assertions qui lui paraissaient hasardées, il invita M. Frère à essayer son diagnostic sur le crâne découvert à Aigueperse. M. Frère prit cette tête décharnée entre ses mains, l'examina, et, après un moment, de réflexion « C'est, dit-il, un crâne de la seconde période. », Dans les calculs de cet historien philosophe, la seconde période du peuple français embrasse l'espace de temps contenu de l'an 733 à 966. M. Croizet alla aussitôt chercher sur une des planches de son armoire une pièce de monnaie en argent qu'on avait trouvée dans le tombeau à côté du squelette. C'était un sûr moyen d'expertise. La pièce, d'origine très ancienne, portait, d'un côté, une croix avec ce mot en exergue *Aquitania*, et, de l'autre côté, *Ludovicus Imperator*. Or, il n'y a eu de Louis empereur en Aquitaine que Louis-le-Débonnaire, fils de Charlemagne, et qui régnait en 813. M. Frère avait donc rencontré juste. Il crut pouvoir en outre assurer que ce crâne était franc et non auvergnat. L'histoire constate, en effet, que Louis-le-Débonnaire avait emmené quelques Francs à sa cour. — Cette pièce ostéologique fait maintenant partie de la collection que M. Frère a donnée au Muséum d'histoire naturelle ; le crâne est, pour ainsi dire, signé de la médaille.

On entrevoit d'ici l'idée de M. Frère : le progrès social n'est à ses yeux qu'une suite de périodes dont chacune marque son empreinte sur la tête de l'homme. Peut-être n'est-il pas inutile de dire comment l'auteur a été mis sur la voie de cette découverte. Engagé d'abord

Alphonse Esquiros

dans la profession des armes, mais renversé un jour, comme saint Paul sur le chemin de Damas, par le coup de tonnerre de la grâce, M. Frère est arrivé à la théologie avec des connaissances très variées. Indépendamment des études mathématiques, familières à son état (M. Frère était officier du génie), il consacra les loisirs d'une jeunesse ardente à la pratique des sciences naturelles. Disciple et ami du docteur Gall, de Spurzheim, de Bichat, il étudia sous ces différents maîtres les fonctions du cerveau et les lois de la physiologie. Entraîné à la suite des courses militaires de l'empire et par sa propre humeur aventureuse, il traversa l'Europe d'une extrémité à l'autre. Cet intrépide voyageur, dominé dès-lors par un esprit d'observation méthodique, trouva dans les mœurs, le caractère national et les formes extérieures des diverses populations, autant de matériaux qui devaient lui servir pour asseoir plus tard les principes de sa philosophie de l'histoire.

Il y a une vingtaine d'années que M. Frère, revêtu du caractère sacerdotal, fut placé à la tête d'une maison d'enseignement. Un fait l'étonna : c'est que les enfants du même âge témoignaient en général les mêmes goûts et les mêmes dispositions d'esprit dans tous leurs exercices. Il examina leur conformation cérébrale, et crut reconnaître chez eux les mêmes protubérances organiques du crâne ; ne perdons pas de vue que M. Frère raisonnait d'après la doctrine de Gall. Ce fut pour lui comme un premier rayon de lumière. Serrant de plus près l'observation des faits naturels, il prétendit découvrir que les caractères physiques de ses élèves se renouvelaient de sept ans en sept ans. Quelques médecins, parmi lesquels il faut nommer Stahl et Bichat, avaient déjà entrevu cette évolution septennaire, mais ils avaient limité les suites de ce phénomène à un simple changement de molécules. M. Frère ne s'en tint pas là ; à ces mouvements réglés qui se passent, tous les sept ans, dans l'organisation humaine, il rattacha des vicissitudes analogues dans les facultés intellectuelles et morales. Ce n'était encore qu'un germe, mais il féconda ce germe par des recherches assidues. Ayant le pressentiment d'une loi qui régit de période en période toutes les manifestations de notre nature, il fit l'expérience de cette loi sur des personnes de tous les âges. Il les interrogea, les suivit dans leur manière de vivre. Ces observations isolées étant faites, il les rapprocha ; puis, avec le secours d'un esprit vif et pénétrant, il crut pouvoir déterminer les *aptitudes* propres à chaque période humaine. Partant ensuite de ce principe, que les nations sont des êtres collectifs, M. Frère se dit qu'on retrouverait sans doute dans l'existence des peuples ces changements précis qu'il venait d'observer dans la vie des hommes. Il se mit dès-lors à répéter sur les sociétés anciennes et modernes le travail qu'il avait fait sur les personnes. L'histoire interrogée lui donna les mêmes réponses que la nature. La première difficulté était de bien fixer le nombre d'années de la période sociale. La réflexion et l'étude amenèrent M. l'abbé Frère à le déterminer, — un peu arbitrairement selon nous, — de sept générations viriles, c'est-à-dire de deux cent trente-trois ans. Plusieurs historiens avaient déjà remarqué dans la croissance des peuples deux ou trois temps qui correspondent aux premiers âges de la vie humaine ; mais de tels rapports avaient été indiqués jusqu'ici d'une façon vague, spéculative, et par manière de figures. L'auteur des *Principes de la philosophie de l'histoire* affirme, au contraire, ces analogies, et vient les soumettre à une loi mathématique. Le développement se fait, selon lui, dans les sociétés comme dans les individus, en vertu des mêmes énergies et par intervalles de temps mesurés. L'auteur admet huit périodes d'une égale durée (deux cent trente-trois ans), durant lesquelles les peuples vont toujours se renouvelant au physique et au moral. A chacun de ces âges sociaux correspond un état particulier des facultés et des organes. La forme des croyances religieuses, les événements historiques, les maladies, les mœurs, sont déterminés par ce que M. Frère appelle l'aptitude dominante de la période. L'homme, suivant ce système, n'est pas absolument maître de la direction de son esprit ; il vit sous la dépendance des organes, des dispositions morales, des capacités propres à son âge viril et à son âge social. Dieu lui-même enferme son intervention dans ces lois du progrès qui régissent la nature humaine. Là est la cause de ce *je ne sais quoi*, comme on disait dans le dernier siècle, qui donne d'époque en époque un tour particulier à l'esprit des nations. A la fin de la huitième période, les peuples rencontrent un état stationnaire.

M. Frère ne s'en tint point à la théorie : il recueillit çà et là des crânes humains provenant des fouilles faites dans d'anciens cimetières, dans des tombeaux d'églises ; rattachant alors ces débris ostéologiques à une date plus ou moins certaine, il démontrait le rapport de la succession des formes cérébrales avec le perfectionnement moral et intellectuel des nations. Cette science nouvelle pourrait être définie : la chronologie du progrès écrite sur la boîte osseuse du cerveau. M. Frère a réuni dans sa collection des crânes de toutes les périodes. Il nomme cette collection son alphabet : chacun des crânes est en effet un caractère hiéroglyphique, à l'aide duquel l'homme qui sait lire cette écriture peut reconstituer l'ensemble des aptitudes propres aux différents âges d'une société. Prenez une tête française du VIe siècle : on oserait presque dire que l'humanité n'existe pas sur les plans bas et misérables de ce front avorté, ou du moins qu'elle n'existe qu'en germe. Quelle distance d'une telle conformation à la structure d'une tête moderne ! Les degrés intermédiaires de l'échelle sont occupés dans le musée de M. Frère par des crânes qui expriment la succession des faits entre la barbarie et l'état de civilisation où nous sommes parvenus. On peut ainsi faire, pièces en main, la physiologie comparée d'un même peuple. Il y a quelques années, un des anciens cimetières de Paris ayant été ouvert, M. l'abbé Frère se transporta sur les lieux. Rappelant à la vie, par la force de son système, les générations éteintes, il vit alors se succéder de couche en couche, d'après les formes modifiées du crâne, les âges de la nation française qui s'étaient écoulés depuis l'établissement de ce cimetière. Cette paléontologie humaine répète pour l'histoire des sociétés ce que Cuvier a fait pour les antiquités du globe.

Les faits très-curieux observés par M. Frère ne sauraient néanmoins appuyer à eux seuls le système des périodes sociales. Ce système doit être restreint aux applications très-générales d'une loi qui peut être féconde, mais que l'auteur a forcée, et peut-être même faussée dans les conséquences. Tenons compte à l'observateur de sa clairvoyance ; j'oserais presque dire, de sa seconde vue ethnologique ; mais n'oublions pas que si le coup d'œil du physiologiste peut, dans certains cas, suppléer au silence des historiens, ce sont là des faits tout exceptionnels. Pour arriver à des notions précises sur la formation des nationalités, il est indispensable de compléter les investigations de l'anatomiste par les recherches de l'érudit. Telle est la conclusion à laquelle, malgré l'importance des résultats obtenus par M. Frère, on est inévitablement ramené par ses travaux.

Section II

Nous venons de voir ce qui se passe dans la rencontre de deux ou de plusieurs variétés de la nature humaine faites pour s'unir : il y a d'autres cas où des familles mises en présence répugnent au mélange ; dans cette circonstance exceptionnelle, les races inférieures fléchissent sous les races supérieures, mais elles ne se croisent point avec elles. On les voit alors perpétuer dans leur isolement les caractères d'une origine suspecte. Pourquoi maintenant le principe central et civilisateur agit-il diversement sur les races ? Cela vient de leur constitution physique plus ou moins stationnaire. La nature oppose dans les familles humaines, comme dans les enfants, des obstacles de plus d'un genre à l'éducation morale. De là l'importance extrême de la physiologie : elle seule, en effet, nous dévoile les caractères organiques par lesquels certains groupes résistent au mélange et au développement des sociétés.

On a voulu chercher dans les préjugés religieux l'origine de l'anathème qui pèse sur certaines races. Il ne faut point nier l'importance de cette cause, mais il ne faut pas non plus l'étendre à toutes les familles réprouvées. Les croyances religieuses sont intervenues, sans contredit, dans cette réprobation ; on peut surtout leur attribuer les persécutions exercées contre les Juifs au moyen-âge. La mort de l'homme-Dieu était toujours présente et se montrait en quelque sorte aux peuples chrétiens par la figure si aisément reconnaissable du peuple israélite. Il existe, en outre, des motifs politiques auxquels on doit rapporter la haine du moyen-âge contre cette nation dispersée. Dans un temps où le commerce était abandonné, les Juifs, race usurière et mercantile, trouvaient toujours le moyen de soutirer à eux les richesses de la nation sur le territoire de laquelle ils s'étaient établis. Chassés, ils emportaient avec eux encore une fois les trésors d'Égypte ; dépouillés, ils découvraient dans leur inépuisable industrie le secret de relever leur fortune. Toutes ces causes morales ne sont néanmoins qu'accessoires les questions de races dominent, surtout dans les commencements, les rapports de nation à nation, d'homme à homme. Il est facile de s'en convaincre en faisant l'application de nos principes aux cagots, ces parias du midi de la France.

Un docteur allemand, M. Kant, auteur de mémoires curieux sur la constitution physiologique des peuples, fut amené il y a quelques années, par l'ordre de ses études, à visiter les populations du midi de la France enclavées dans l'ancienne Novempopulanie. Il fut surpris de découvrir dans quelques familles du pays les débris physiologiques d'une grande race qui devait avoir existé sur une étendue assez considérable du territoire. Le nom de *cagots*, qui avait cessé d'être pour les membres de ces familles une note d'infamie, les isolait encore de la population indigène et les désignait à l'attention du voyageur. Un préjugé très affaibli, mais qui avait longtemps pesé sur ces malheureux, le confirma dans cette opinion, qu'il avait sous les yeux les restes d'un peuple détruit. En y regardant de plus près et en continuant ses courses du côté des Pyrénées, il vit se former sous ses yeux dans la population cagote, non plus un type, mais deux types distincts. Il essaya de les caractériser. L'une des deux variétés cagotes présentait une peau très blanche, des cheveux blonds, des yeux d'une couleur claire ; l'autre avait un teint basané, des cheveux touffus, noirs, raides, des yeux gris, des pommettes saillantes. Il en résulta pour lui la conviction que les malheureux confondus au moyen-âge sous le nom de cagots tiraient leur origine de deux races distinctes. Il crut reconnaître dans l'une les débris d'un peuple venu du Nord, et dans l'autre les caractères appauvris d'une nation très méridionale, blanchie par un long séjour dans une contrée plus froide, dégradée par une longue misère et par les mauvais traitements. Cette altération du type primitif est commune à toutes les races transplantées, qui ne trouvent point autour d'elles des conditions favorables de croisement. L'action de circonstances extérieures, telles que la persécution, le dénuement, la défense de s'allier aux autres habitants, développe chez ces familles isolées les caractères lymphatiques. Une telle décadence n'efface pas tout-à-fait le type originel, mais elle le voile. De là vient la difficulté de reconnaître la souche des différentes familles qui entrent dans la composition d'un peuple.

Au moment où le physiologiste allemand consignait ces observations dans ses notes de voyages, un écrivain français s'occupait de recherches historiques sur la même population. Il est à regretter que M. Francisque Michel n'ait pas connu les travaux de M. Kant : c'est à la physiologie de tracer la voie, quand il s'agit de déterminer la filiation d'une race. Si les monuments historiques s'accordent ensuite avec les monuments de la nature, alors, mais alors seulement, la certitude devient complète. L'auteur de l'*Histoire des races maudites*, M. Francisque Michel, a complètement négligé ce point de départ. On ne peut suppléer à son silence qu'en cherchant l'origine des cagots dans les lois générales qui président à la genèse des peuples.

L'histoire physiologique de toutes les nations de la terre nous présente un état originel de fractionnement. Au début, les différentes parties d'une même société sont mal liées entre elles ; il existe dans la population des groupes disséminés, des éléments hétérogènes que le travail de la civilisation doit amalgamer. La terre exerce avec le temps une puissance assimilatrice sur les caractères étrangers des races. Les différentes familles qui couvrent la même étendue de pays, quoique d'origine très variée, se rapprochent successivement et se confondent dans une même existence nationale. Le travail de la langue exprime en même temps ce mouvement des groupes vers l'unité. Il y a primitivement divers idiomes et dans chacun de ces idiomes plusieurs dialectes, qui tous concourent à la formation d'une langue commune. Un pareil travail de centralisation rencontre, il est vrai, bien des obstacles et des résistances opiniâtres. Dans les premiers âges de la vie des peuples, la guerre est presque le seul moteur qui pousse en avant la civilisation. Un instinct singulier chasse les races les unes vers les autres ; en l'absence de commerce et de relations régulières, l'attaque à main armée est à peu près le seul moyen qu'elles aient de s'atteindre. La société, au milieu de ces mouvements convulsifs, se montre inexorable comme la nature. Il y a dans le mélange des races, ainsi que dans la combinaison des corps chimiques, des forces répulsives et des forces attractives ; en d'autres termes, il existe entre les différents groupes des sympathies et des antipathies naturelles. Ces mouvements d'attrait ou de répugnance masquent toujours des lois profondes. Les instincts de race en apparence les plus aveugles servent des intentions cachées pour ainsi dire dans les organes par la main de la Providence. Le sort des familles détestées dont la constitution physique répugne à l'alliance avec les autres familles indigènes devient alors déplorable, surtout si elles sont les moins nombreuses et les plus faibles. On les refoule dans le mépris et la misère. Ces races, submergées au milieu des agitations de la force, disparaissent en quelque sorte de l'histoire, ou du moins elles fournissent à l'écart une destinée obscure et proscrite. Elles constituent ainsi, durant des siècles, une caste que des préjugés locaux isolent de la population indigène, et au sein de laquelle se conservent les caractères dégradés d'une origine maudite.

Si ces races condamnées ont peu d'importance aux yeux de l'historien, elles en ont au contraire une très grande aux yeux du physiologiste. Ce sont des familles dépositaires de germes qui répugnent dans l'origine au travail de la civilisation commune : leur mélange verserait dans le reste de la population un élément nuisible. Si cette loi naturelle n'absout pas les mauvais traitements exercés contre les groupes réprouvés, elle donne du moins à ces persécutions une raison d'être. Le soin extrême que prennent les races jeunes de ne point altérer la pureté de leur origine par des alliances rentre tout-à-fait dans les lois de la Providence qui conduit les nations à ses fins. C'est ici surtout que le rapport de l'anthropologie à la philosophie de l'histoire devient visible. La race supérieure obéit dans ses brutalités mêmes à un instinct conservateur des destinées sociales. Cela se voit maintenant au Nouveau-Monde, en Océanie, en Afrique ; cela s'est vu en France au moyen-âge. Au milieu du pêle-mêle et de la confusion des guerres continuelles qui entourent le berceau des peuples, la race privilégiée par la nature devait apporter un soin extrême pour ne point mésallier ses caractères. Cet instinct d'égoïsme et de conservation a sauvé l'esprit français en maintenant l'intégrité du type celtique contre les invasions du sang étranger. L'originalité des nations résulte en effet de leur souche primitive et de la nature de leurs alliances. En évitant des croisements intempestifs, des unions nuisibles, les races préposées au travail de la civilisation ont donc fait au moyen-âge une œuvre utile. Elles ont seulement eu le tort d'apporter dans cette œuvre la violence et les autres passions farouches qui distinguent les âges barbares.

Pour se préserver de la contagion des races hétérogènes qui habitaient le même sol et qui respiraient le même air, il fallait élever contre elles dans l'opinion publique une barrière infranchissable.

Section II

Cette barrière ne pouvait guère être qu'un préjugé. Aussitôt la religion, la politique, l'hygiène même, intervinrent pour accabler les membres excommuniés de la nation. On vit alors s'établir, dans le midi de la France surtout, une sorte de cordon sanitaire entre un groupe et un autre groupe de la même population locale. On fit peser successivement sur les cagots tous les soupçons qui pouvaient le mieux soulever contre eux la répugnance des autres hommes. On les accusa d'hérésie, de lèpre, de sorcellerie, de crétinisme. Il faut ici nous reporter aux circonstances dans lesquelles ces diverses accusations ont été fulminées. Il y avait un fléau suspendu sur les populations livides du moyen-âge ; ce fléau redoutable était la lèpre. De tout temps, la peur fut égoïste. Les races soupçonnées de receler en elles les germes de cette maladie odieuse se trouvèrent frappées d'avance par l'anathème. La terreur de la lèpre était si grande au XIIIe siècle, qu'elle survécut même à la maladie. Les préjugés ne veulent jamais avoir tort. Il reste à examiner si certaines constitutions de race n'ont pas le triste privilège de fixer sur elles certaines maladies. Tout n'a pas été dit sur cette question de médecine publique. Il n'est pas vrai, comme on l'a prétendu dans le dernier siècle, que la civilisation soit la racine de toutes les maladies, mais la civilisation tend à porter les maladies sur les organes plus élevés de notre nature ; d'où il résulte que l'homme met le progrès jusque dans ses infirmités. Les maladies participent à la nature des mouvements qui se font dans l'organisation humaine ; elles viennent, pour ainsi dire, se teindre d'âge en âge dans le tempérament successif des races. Si maintenant une famille moins avancée que les autres (le degré d'avancement d'une race est toujours en rapport avec la date de son implantation sur le sol) végète au sein de la population indigène, si ses membres offrent par exemple une constitution lymphatique à un âge social où ce tempérament a cessé d'être le tempérament général de la nation, il se peut que cette famille conserve dans sa nature dégradée des affinités malheureuses pour certaines maladies qui n'existent plus chez les autres habitants du même pays.

La lèpre fut au moyen-âge un mal universel, on retrouve des traces de léproserie dans toutes nos provinces ; mais ce fléau a dû peser plus longtemps sur les groupes de la population qui étaient restés à l'état d'enfance. Je trouve dans ce fait la raison du préjugé

Alphonse Esquiros

qui conserva des races lépreuses longtemps après que la lèpre avait disparu en France. Comme le souvenir des ravages de cette maladie était encore très vivant, on s'arma de précautions brutales contre les malheureux soupçonnés de retenir la lèpre. Toutes les sociétés jeunes en agissent de même ; elles sacrifient impitoyablement les citoyens, les familles, les races même à la sûreté hygiénique de la masse. On découvre toujours en ceci un instinct providentiel qui les guide ; cet instinct leur révèle qu'en laissant vicier les sources de la population, elles compromettraient leur avenir même. Ce que les sociétés nouvelles glissent dans cette œuvre, et qui ne vient point de la Providence, ce sont leurs mauvaises passions. On peut dire du premier âge des peuples ce que Hobbes disait des individus : *Homo malus, puer robustus.* La force, dans l'enfance des nations, n'étant pas dirigée par la raison, aboutit presque toujours à des excès révoltants que la conscience seule et la religion peuvent modérer. Que dis-je ? il s'établit une lutte entre les tempéraments des races et les doctrines religieuses, lutte où le plus souvent les doctrines sont contraintes de céder et de prendre la forme déterminée par l'âge social. Si la société est croyante, la cruauté s'empreint alors d'un caractère religieux. Non content de couvrir les cagots de la lèpre comme d'un vêtement pour mieux soulever à leur approche l'horreur et le dégoût, le moyen-âge les accusait encore d'avoir participé à l'erreur des Albigeois. Dans l'enfance de l'esprit humain, le mal moral se confond avec le mal physique ; toute difformité est solidaire d'une faute commise ; le schisme et la maladie sont des fléaux qui se touchent dans la main de la Providence. Aux yeux de l'église, l'hérésie est en effet une lèpre religieuse. Ce qu'il y a de plus triste dans l'abaissement de ces races opprimées, c'est qu'elles finissent par faire elles-mêmes leur soumission au préjugé qui les frappe. On les voit ainsi se convaincre de leur indignité. Interrogez les cagots, ils vous diront que leurs ancêtres ont trempé dans la grande révolte des Albigeois, et qu'ils sont châtiés pour la faute de leurs pères. Cette tradition, qui motiverait jusqu'à un certain point les rigueurs exercées contre les cagots, est démentie par l'histoire ; ces malheureux s'accusent eux-mêmes d'une faute imaginaire pour voiler ce qu'a d'odieux et d'inqualifiable la conduite de leurs persécuteurs. Non contents de baiser la verge levée sur eux, ils prêtent une croyance absurde à une fable populaire, et se font ainsi les complices de leur propre infamie.

Cette résignation des races proscrites finit par graver de plus en plus dans leurs facultés et dans leurs organes le signe d'une infériorité acquise. Les maladies les plus affligeantes ont pesé de tout temps par une sorte de loi fatale sur les familles de l'espèce humaine les plus misérables et les plus dégradées. L'idiotie, le goître, le crétinisme, peuvent à la longue s'enter sur les membres opprimés d'une race originairement saine. Ces maladies tendent même à devenir héréditaires et accélèrent ainsi, de jour en jour, la débilitation des familles réprouvées. La science s'est plusieurs fois adressé cette question : Une altération grave des caractères primitifs d'une race peut-elle constituer par la suite des temps une autre race distincte qui perpétue dans le signe de sa décadence une nouvelle variété de l'espèce humaine ? Oui ; les cagots en sont un exemple remarquable. En Angleterre aussi, n'avons-nous pas le spectacle affligeant d'une de ces dégradations systématiques ? Les Irlandais constituent une belle race : si nous en croyons M. Serres, ce sont des Gaulois ; mais le régime auquel les soumet l'Angleterre a déjà effacé de leur constitution appauvrie les restes du caractère celtique ; ce sont des Français dégénérés. Une telle politique n'est pas seulement coupable, elle est imprudente. Les races souffrent du mal qu'elles font aux autres races ; en les débilitant, elles affaiblissent, au jour du danger, les moyens de défense nationale.

Les médecins se firent, au XVIe siècle, les avocats officieux des cagots. La science précéda l'église dans l'abolition d'un préjugé qui outrageait la nature et l'humanité. Rome intervint, il est vrai, en leur faveur, mais faiblement. On s'étonne de voir les ministres d'un Dieu de paix aggraver encore la triste destinée de ces malheureux, en les séparant, dans le midi de la France, d'avec la population indigène. Les évêques refusaient d'admettre les cagots aux ordres sacrés. On leur assignait à l'église une porte, un bénitier et des bancs où ils étaient isolés des autres fidèles ; l'eau bénite leur était même offerte en quelques endroits au bout d'un bâton, comme à des lépreux. L'interdiction les suivait jusque dans la mort : ils occupaient au cimetière des places réservées. La science seule peut nous consoler du spectacle de tant de rigueurs, en donnant à ces mauvais traitements un motif tiré des lois mêmes de la nature humaine. Il y a, nous le répétons, une éducation particulière à chaque race : les unes sont conduites par une main charitable, les autres par un bras de fer. Le progrès est une œuvre laborieuse et pénible qui s'accomplit dans toutes les familles humaines par le sacrifice ; mais il existe des races particulièrement prédestinées à la souffrance, des races martyres. Les plus rudes épreuves de la civilisation leur reviennent de droit. La persécution est la condition nécessaire de leur perfectionnement. On n'émonde de tels rameaux que par le fer et le feu. La main de Dieu les tient de si près, qu'elle grave successivement sur ces familles tous les signes de l'anathème. Elles se purifient dans les larmes et dans leur propre sang. Cependant la mission de ces races proscrites est triste et grande. La Providence les tient en réserve sous le sceau de la malédiction, afin de compléter un jour, par leur entremise, les caractères des autres races.

M. Francisque Michel a écarté avec une légèreté regrettable des observations qui ont leur importance. Pour écrire convenablement sur les cagots, il aurait fallu un historien doublé d'un physiologiste.[1] L'histoire seule est en effet impuissante à expliquer l'isolement des cagots et les bruits plus ou moins fondés qui circulent dans le midi de la France sur le compte de ces familles excentriques. Traiter ces bruits de préjugés absurdes, rapporter tout à l'ignorance des populations, c'est rendre facile la tâche de l'écrivain, mais ce n'est rien approfondir. M. Francisque Michel a fait trop bon marché de certains caractères physiques auxquels le moyen-âge, par une sorte d'instinct, a rattaché sa haine contre les cagots. Les races se devinent entre elles aux signes extérieurs, et c'est sur ces signes qu'elles appuient leurs sympathies ou leurs inimitiés. Un reproche qui revient sans cesse dans les chansons patoises et dans les autres monuments relatifs aux cagots, c'est la mauvaise conformation de l'oreille, dépourvue chez eux, dit-on, du lobe inférieur. Quoique ce caractère typique ne s'étende pas à toute la gent cagote, on le trouve affirmé par des médecins dont l'autorité en cette matière

---

1 L'auteur transcrit à plusieurs reprises l'accusation portée contre la mauvaise odeur des cagots, en traitant ce bruit de fable ridicule. Ce détail peu agréable n'est pourtant pas sans valeur aux yeux de la science. Il constitue un caractère propre à toutes les races barbares, caractère qui s'évanouit ensuite par le progrès et le croisement. Ce phénomène est si commun dans tout l'Orient, que les marchands d'esclaves prétendent reconnaître par l'odorat seul la qualité de la marchandise sur laquelle ils trafiquent.

Section II

est considérable. J'en pourrais dire autant des principaux traits par lesquels tous les auteurs, depuis l'historien espagnol Pierre de Marca, esquissent la physionomie générale des cagots. Le préjugé populaire a bien pu exagérer, je n'en doute pas, certaines inégalités de race, et leur donner par malice une signification inadmissible ; mais, n'en déplaise à M. Francisque Michel, le préjugé se montre ici d'accord avec les lois de la nature. Il en est de même des vices attribués aux cagots, tels que la forfanterie, la lubricité, la violence : ce sont des vices communs à toutes les races jeunes. Agitées de convoitises brutales, elles manifestent cet aiguillon de la chair, cette ardeur sensuelle que le christianisme a fini par mater chez les barbares convertis, mais qui persiste encore chez les cagots, retenus par des circonstances physiques dans l'imperfection du premier âge.

Les nations commencent par le fractionnement et finissent par l'unité. La force attractive, longtemps enchaînée vis-à-vis de certains groupes de la population, se développe avec le progrès des lumières. Le préjugé tombe alors devant la raison et la justice, les lois de la nature même viennent hâter cet heureux résultat. Des unions, nuisibles pendant une certaine ère de la civilisation, cessent d'être pernicieuses, lorsque l'économie du corps social se trouve, pour ainsi dire, fixée ; bien loin de préjudicier à l'intégrité des autres races, les familles maudites, qui, depuis des siècles, arrosaient de sueur et de sang les germes du perfectionnement de l'espèce humaine, achèvent alors l'ouvrage que les alliances précédentes avaient laissé incomplet. Le vœu final de la nature est l'unité des races. Malheur aux peuples qui contrarient cette loi par un insupportable égoïsme ! Dieu fait sécher les racines de ces nations superbes, où l'orgueil d'une caste privilégiée s'oppose au croisement des familles.

Le préjugé contre les cagots avait résisté aux lois de l'église, il céda aux lumières de la philosophie. Enfin un de ces évènements que la Providence tient sous sa main pour aider au progrès et à la réunion des races, la révolution française, fit tomber les barrières déjà bien usées qui séparaient les cagots de la grande famille nationale. La révolution était venue réparer toutes les injustices ; en était-il de plus condamnable que l'opinion qui isolait les cagots des autres hommes ? Le mouvement de 89 les fit rentrer dans la société, dans

Alphonse Esquiros

l'église, dans cette grande communauté du cimetière qui égalise tous les rangs. Les mœurs s'adoucirent avec les préjugés, et les familles, jusque-là divisées dans le midi de la France par des haines héréditaires, se réunirent dans des mariages que toléra l'opinion plus éclairée des habitants. Aujourd'hui les cagots ne sont presque plus séparés du reste de la population, avec laquelle ils tendent de jour en jour à se confondre. Si quelques signes très affaiblis les distinguent encore, ce sont des particularités qui attirent sur eux l'attention, non le mépris. Quoique cette amélioration des mœurs ne soit point universelle, elle est déjà si avancée que l'heure d'une réhabilitation complète semble venue pour les cagots ; le stygmate attaché à leurs ancêtres est encore, pour certaines familles du Midi, un souvenir douloureux, mais ce n'est plus qu'un souvenir.

Les mêmes phénomènes qui se montrent en grand sur le globe dans l'arrangement de l'espèce humaine se répètent sur une échelle moindre dans la formation des peuples. Étendons nos regards à l'univers habité : que voyons-nous ? Une race qui marche à l'envahissement des autres races, c'est la race blanche ou caucasique. Elle efface les innombrables variétés du genre humain et absorbe en elle leurs caractères qu'elle s'approprie en les modifiant. Les choses se passent absolument de la même manière dans l'histoire des sociétés. Tous les débris de clans, de tribus, d'armées barbares que la main de la Providence a poussés sur le sol des Gaules, ont laissé des traces dans la population française ; mais ce qui a vraiment donné une empreinte nationale à tant d'éléments confus, c'est la famille celtique. Ces primitifs enfants du territoire, mêlés de siècle en siècle aux enfants de la conquête, n'ont pas cessé de se distinguer par les caractères naturels ou acquis de leur type indélébile. Cette action d'une race inhérente au sol, qui s'approprie les caractères des autres races et qui les frappe, pour ainsi dire, de son effigie, amène pour les nations comme pour le genre humain cet admirable résultat : la variété dans l'unité.

Nous avons montré quels obstacles rencontre ce travail de fusion. C'est en général dans les phénomènes du croisement qu'éclatent surtout les incompatibilités naturelles des races. M. Francisque Michel rapporte l'observation suivante faite par un habitant de Came : « Toutes les femmes de pur-sang, mariées avec des cagots, sont tombées malades peu de temps après leur union ; un certain

Section II

nombre d'entre elles sont mortes, et les survivantes ont acquis une santé des plus robustes. » Peut-être y a-t-il un obstacle naturel au mélange des cagots avec les membres de la population méridionale de la France. Cet obstacle a dû être respecté ; mais, à mesure que les caractères des races s'adoucissent sous l'action du temps, de tels empêchements, que la nature semblait avoir mis au croisement des familles, s'évanouissent peu à peu ; le mouvement qui entraîne les différents groupes vers l'unité triomphe alors de ces résistances passagères, et les tourne même au profit du perfectionnement des types.

L'accession des races attardées est l'événement le plus grave de ce qu'on pourrait nommer l'histoire naturelle des sociétés. Ces éléments, qu'éloignait le travail de la civilisation naissante, deviennent, à un certain âge de la vie des peuples, les matériaux indispensables d'une constitution nouvelle. Il n'y a pas une seule de ces familles comprimées qui ne recèle les germes d'un développement spécial. Leur temps d'influence viendra ; pour quelques-unes il est déjà venu, La race juive apporte dans les sociétés modernes l'élément industriel. Les Bohémiens et les autres familles errantes ont versé dans la population gauloise le sentiment de l'indépendance. Ces groupes, dans lesquels se conservent les caractères d'anciennes races plus ou moins détruites, perpétuent le signe physique et moral de leur origine, tout en cédant au mouvement unitaire de la civilisation.

Il nous reste à déterminer l'origine des cagots. — D'où viennent-ils ? de qui descendent-ils ? — La physiologie, d'accord avec les témoignages historiques, reconnaît dans les familles cagotes les caractères du tempérament lymphatique : la bouffissure de la face, la blancheur du teint, la mollesse des chairs. Ce tempérament si éloigné du tempérament actuel de la nation française annonce d'anciennes familles de peuples, qui ont gardé par l'effet de circonstances exceptionnelles les caractères de l'âge barbare. Maintenant quels sont ces peuples ? La science distingue, comme nous l'avons dit, deux variétés cagotes : l'une qui se rapporte à une race originaire du Nord, l'autre à une race venue du Midi. Le type cagot blond reproduit assez bien les caractères que les historiens attribuent à la nation gothe. L'autre type, par son nez camus, par le lobe auriculaire très court, par la précocité de ses

Alphonse Esquiros

femmes, par l'air triste et concentré de sa physionomie, paraît descendre d'une famille africaine. Ces observations coïncident avec les résultats auxquels M. Francisque Michel est arrivé par la voie des recherches historiques. « Vous croyons, dit-il, que les cagots sont les descendants de ces Espagnols qui n'échappèrent au pouvoir des musulmans que pour ployer bientôt sous un joug mille fois plus pesant, mille fois plus insupportable, et qui durent leur longue misère à un acte de munificence mal entendu, à une erreur de l'administration, comme nous dirions aujourd'hui. » Or, parmi ces Espagnols fugitifs, il y avait une partie d'anciens Goths et une partie de Sarrasins. Ce sont ces deux variétés de races qui se sont perpétuées, tout en s'altérant, dans nos provinces du midi. Des rameaux arrachés de la souche et entraînés ainsi par la violence des événements dans le courant d'une race étrangère, végètent tristement à l'écart ; c'est ce qui arriva aux cagots. Il leur a fallu, pour ainsi dire, jeter des racines nouvelles sur le sol et dans la population indigène qui les repoussait. Le progrès a été entravé chez eux par ces circonstances fatales.

C'est ainsi qu'on peut rendre compte, nous le croyons, de l'origine des cagots. L'opinion de M. Francisque Michel, appuyée sur des textes, des dates et des conjectures, trouve sa base la plus sûre dans les observations et les lois physiologiques. L'auteur de l'*Histoire des races maudites* a malheureusement beaucoup trop négligé cette source d'indications utiles. Une érudition même surabondante ne saurait suffire à retrouver les racines des variétés de l'espèce humaine. Il ne s'agissait d'ailleurs pas ici d'une simple question d'origine. L'auteur n'avait point seulement à porter la lumière sur la formation d'une race maudite ; il devait aussi dégager de l'état stationnaire des cagots une loi générale qui s'appliquât à l'histoire des autres familles réprouvées. M. Francisque Michel n'a point su remonter à cette loi ; il a négligé les caractères physiques, ou du moins ne leur a donné qu'une attention très secondaire. Les caractères matériels sont pourtant les gardiens de l'originalité des races : par eux, les familles se croisent ou se repoussent. Modifiée plus ou moins par le principe social, l'organisation des races ne s'abdique point elle-même, mais elle empreint de sa couleur morale les institutions, les littératures, les arts. Plus que toutes autres, les familles maudites paraissent douées de ces caractères tenaces qui résistent longtemps au mélange des autres familles et à l'influence des nationalités ; cette constitution rebelle a fait leur malheur dans le passé, mais, entrées plus tard que d'autres dans le mouvement des sociétés qui les pressent, elles y apportent des éléments nouveaux et des forces particulières qui se sont conservés en s'isolant.

Dans une étude sur *les races maudites*, on pouvait s'attendre à trouver l'histoire des Juifs et des Bohémiens. M. Francisque Michel a négligé entièrement cette partie essentielle de son sujet. On eût voulu connaître cependant le résultat des derniers travaux de la science touchant ces deux races proscrites. Les Juifs paraissent descendre d'une tribu arabe qui aurait été fixée en Égypte par la captivité. L'origine sémitique du peuple israélite est attestée par la ligne droite du profil, par les mœurs, les usages et le caractère de cette nation *à tête dure*. Tous les voyageurs se montrent frappés de l'analogie qui existe entre la vie errante, pastorale ou guerrière des patriarches de la Bible et les habitudes des tribus qui habitent encore l'Afrique septentrionale. Les Juifs modernes, répandus par toute la terre, ont subi les influences des différents climats et des nations sur lesquelles ils se sont, pour ainsi dire, greffés. Les causes sociales qui agissent sur les caractères primitifs des races ne modifient pas seulement les organes, elles modifient encore les fonctions ; ces variations que subissent les types dans leurs pérégrinations à la surface du globe constituent un des plus curieux phénomènes de l'histoire des sociétés.

Les familles vagabondes, connues sous le nom de *Zigeuners, Zingars, Tsiganes, Bohémiens, Égyptiens, Gitanos*, semblent appartenir à une même race. L'apparition de ces hommes à figure basanée, à traits exotiques, a plus d'une fois ému le moyen-âge. Les mesures de police en vigueur dans les états européens ont aujourd'hui beaucoup diminué le nombre de ces tribus nomades ; on est même parvenu à les fixer de gré ou de force en Autriche, en Valachie et en Moldavie. On suppose, avec toute sorte de vraisemblance, que ces familles errantes descendent de parias hindous qui auront dû quitter leur patrie, contraints qu'ils étaient par la misère ou par les mauvais traitements de leurs concitoyens. Cette expatriation paraît d'ailleurs remonter à des temps très reculés. On connaît l'horreur qu'inspirent les parias aux habitants de l'Inde. Ils ont des fontaines

Alphonse Esquiros

destinées pour eux seuls et qui sont marquées par deux ossements en croix. Ce qui révolte surtout la délicatesse des Hindous, ce sont les aliments immondes dont les parias se nourrissent. Ces hommes, dont on fuit les approches, disputent aux chiens et aux vautours les restes des animaux morts, crime inouï dans un pays où les castes supérieures se soumettent, par scrupule et par un raffinement de propreté, au régime végétal. L'expédition de Timurlan dans l'Inde, au commencement du XVe siècle, fit refluer dans d'autres contrées une grande quantité de ces malheureux. Leurs mœurs dégoûtantes expliquent assez l'effroi universel qu'ils chassaient devant eux. Leur haleine infectait, disait-on, les cités où ils passaient. Le sentiment du merveilleux transformait leur dégradation en un mystère diabolique. Amoureuses de leur indépendance, ces familles nomades trempaient dans ce qu'on nommait au moyen-âge les arts séditieux, *artibus quibusdam seditiosis dediti*. De si loin que je prenne leur histoire, je les trouve livrées à l'astrologie, à la divination et aux autres sciences occultes. C'est un instinct des races comprimées que de s'attacher aux choses défendues. La révolte morale entre, pour ainsi dire, dans leur tempérament irrité. Le sang des Bohémiens du moyen-âge s'est indubitablement mêlé au sang des classes inférieures de la population française. Un vif sentiment de la liberté distingue cette race de proscrits, qui a défendu, pendant des siècles, sa misère et son opprobre contre les attraits d'une condition plus régulière et plus heureuse, mais soumise.

Les travaux de valeur si diverse que nous venons d'examiner nous amènent à la même conclusion : c'est que la philosophie de l'histoire n'a point encore su acquérir l'autorité scientifique. Que lui manque-t-il donc ? Il lui manque de pouvoir fixer, au moyen de lois nettement connues et formulées, la succession des faits qui constituent la vie d'une nation. Comment sortira-t-elle de cette indécision funeste ? Le vague est l'ennemi de tout ordre sérieux d'idées, et une science qui ne sait pas préciser n'est pas une science. A notre avis, la philosophie de l'histoire n'arrivera guère à fixer ses résultats, si elle persiste dans la recherche isolée des causes morales, il faut qu'elle contracte avec les sciences naturelles et en particulier avec la physiologie une alliance étroite. De cette alliance sagement pratiquée sortira la connaissance d'un ordre invariable de phénomènes sur lesquels les évènements de l'histoire viendront, pour ainsi dire, se grouper. Là, mais là seulement, est le germe d'un perfectionnement nouveau dans les méthodes historiques. La grande question des races devra dominer l'étude des faits secondaires de l'organisation humaine. Les races sont capables d'émulation et de progrès. Le croisement, en faisant disparaître à la longue ce que les caractères des différentes familles avaient de trop excentrique et de trop heurté, ne va point jusqu'à détruire complètement leur originalité. Ces familles concourent, chacune selon les moyens qui lui sont propres, à l'amélioration de l'espèce et à la variété toujours croissante des types. Les races, dans leurs caractères primitifs comme dans leurs transformations successives, sont, pour ainsi dire, les dépositaires des matériaux dans lesquels puise la main de la Providence pour augmenter la vie intellectuelle et morale des peuples.

ISBN : 978-1542775427

Alphonse Esquiros

* 9 7 8 1 5 4 2 7 7 5 4 2 7 *